Deutschland
von oben

Daniel Philippe

Deutschland
von oben

Vorwort von
Ludwig Harig

Texte von
Günther Wessel

KNESEBECK

Ludwig Harig

Mit dem Vogel im Kopf

Ein Leben lang von Flugangst geplagt, saß ich in den modernsten und als sicher gepriesenen Maschinen und bangte dennoch um mein Leben. Vor einem Flug nach Australien stand ich Höllenqualen aus: Immer neue Fluggäste strömten in die Frankfurter Wartehalle, belegten die letzten frei gebliebenen Sitzplätze; einige mussten sogar stehend in den Gängen verharren, bis der Aufruf zum Einstieg in die Maschine erklang. Einige hundert Menschen, deren Koffer und Kisten schon im Gepäckraum verstaut waren, strömten mit weiteren Leder- und Plastiktaschen in die Maschine. Ein bepacktes Reisevolk in einem viel zu schweren Apparat mit viel zu kurzen Flügeln und viel zu langem Rumpf, dachte ich in meiner Angst, wie sollte das gut gehen!

In den ersten Stunden des Flugs schaute ich gequält zur Erde hinab, es zerfledderten die Umrisslinien des Aralsees, es zerflossen die Lichtgirlanden von Samarkand, und die Schäfchenwolken vom Hindukusch verschwammen vor meinen flackernden Augen. Erst nachdem ich den Äquator überquert hatte, hellte sich mein Blick auf. Da sah ich Bilder, klar erkennbar: den Flickenteppich der Algenkulturen vor Bali, das Prachtcollier des Korallenriffs vor Queensland und die Sandsteintreppe der Walddüne von Fraser Island. Ja, wenn jemand mich an die Hand nehmen und mir die Bilder der Erde von oben zeigen und mir Geschichten davon erzählen würde, dann vielleicht fiele die Flugangst gänzlich von mir ab!

Wie schön wäre es, ich säße bei Luftschiffer Giannozzo im Ballon, flöge mit ihm über die Erde hinweg, Berge und Täler, Wälder und Städte von oben zu beschauen, so wie der Dichter Jean Paul sie beschreibt. Nur der Dichter bringt nämlich das Kunststück fertig, den wirklich vorhandenen und mit Namen benannten Landschaften und Orten eine bezaubernde Gestalt zu geben. Doch er verschönt nicht ihr Aussehen, schmückt es nicht mit Zutaten seiner Erfindung: Waghalsig übersteigt er die Grenzen der Wahrnehmung, spielt mit den Eigenheiten der Sinne. Bild wird zum Klang: »Endlich trat die Sonne wie ein Musengott in den Morgen und nahm die Erde als ihr Saitenspiel in die Hand und griff in alle Saiten. Ich war ein anderer Mensch.« Jean Paul erzählt vom Vergnügen einer Reise, bei der er das rechte Bein am arktischen und das linke am antarktischen Pol aufgesetzt hat. Der oftmalige Ortswechsel seines Luftkutschers Giannozzo ist kein wahlloses Hin- und Herrennen auf der Erde: Überall findet er einen Weltzustand, dessen Erreichen er uns Reisesüchtigen mit jedem seiner Worte wünscht. Hand aufs Herz, wer bräche nicht in helle Freude aus, wenn jemand wie Jean Paul ihm einen Platz in Giannozzos Luftballon reservieren würde! Welch ein Glück, dass wir Menschen sind! Um die Erde von oben zu betrachten, brauchen wir weder in ein Flugzeug noch in Giannozzos Ballonkorb zu steigen, brauchen nicht einmal Flügel wie ein Vogel. Fluggeräte zu benutzen aus Neugier oder Vogel zu werden aus Flugangst, das bleibt uns erspart. Die Fantasie beflügelt unser Bewusstsein, wir haben den Vogel im Kopf! Das ist angenehm und praktisch zugleich. Wenn wir auf den Flügeln der Fantasie hoch über Berg und Tal schweben, den Schnabel aufsperren und kreischen, dann klingt unser Ruf nicht schrill und vogelgleich, sondern melodisch und menschenfroh wie das Jauchzen des Luftschiffers Giannozzo in Jean Pauls wundersamer Geschichte.

Auch Daniel Philippe, ein später Vetter von Jean Paul, ist für uns in den Lüften gewesen. Doch er erzählt nicht mit Wörtern, die er wie Bilder, er erzählt mit Bildern, die er wie Wörter benutzt. Daniel Philippe fliegt über Deutschland und fotografiert. Wie der Dichter arbeitet er mit den Mitteln der Kunst, wie der Dichter erfährt er die Welt als Luftkutscher. Er beobachtet genau und wählt aus; er lässt weg, was sein Bild stört, fügt hinzu, was es vervollkommnet. Mit seiner besonderen Sicht auf die Natur und die Dinge ist er der Dichter, der durch die Linse schaut, statt mit den Augen zu zwinkern, im rechten Augenblick den Auslöser drückt, statt den Schreibstift zu bewegen. Sein Fotografenblick entdeckt die petrolfarbenen Kirchturmdächer von Lübeck, beschwört die ochsenblutroten Eckpfeiler der Limburger Domtürme, ordnet aber auch die Treppen und Terrassen von Sanssouci und die Häuserzeilen von Dresden neu. Er gliedert Ackerböden, staffelt Bergketten, fächert Dünenfalten auf. »In Luftschiff-Journalen muss Ordnung sein«, schreibt Jean Paul in Giannozzos Logbuch. Daniel Philippe, der sorgfältig anschaut und kunstvoll erfindet, wahrt das Geheimnis seines Fotografierens. »Strengstens verboten«, sagt er zu jedem, der es wagt, seine Hexenküche zu betreten. Und wir? Mit dem Vogel im Kopf schweben wir, frei von Flugangst, über Deutschland hinweg und betrachten die Bilder, die er für uns erfunden hat.

»Grün ist das Land, rot ist die Kant, weiß ist der Sand, das sind die Farben von Helgoland« – so beschreibt der Volksmund treffend die 2,1 Quadratkilometer große Felseninsel, etwa 70 Kilometer vor der Elbmündung gelegen. Charakteristisch sind ihre grünen Wiesen, weißsandigen Dünen und die roten Buntsandsteinfelsen, die schroff in die Nordsee abfallen. Helgoland gehört seit 1890 zu Deutschland. Damals tauschte England seinen Besitz gegen die vor Afrika gelegene deutsche Insel Sansibar. Helgoland wurde später zu einem Marinestützpunkt ausgebaut. Heute ist die Insel ein beliebtes Ausflugs- und Urlaubsziel.

VORHERGEHENDE DOPPELSEITE:

Ein einsames Haus, zu dem nur ein Feldweg führt, ausgedehnte Weiden, dahinter die weite Wasserfläche der Müritz: Die von der Eiszeit geschaffene Landschaft der Mecklenburgischen Seenplatte, die aus mehr als Tausend großen und kleinen Wasserflächen besteht, ist eine der malerischsten Landschaften Norddeutschlands. Größter See mit einer Fläche von mehr als 115 Quadratkilometern ist die Müritz – der Name bedeutet, aus dem Slawischen abgeleitet, Meer. Sie ist zugleich der größte See Ostdeutschlands. Ihr östliches Ufer ist überwiegend Naturschutzgebiet, in dem seltene Vögel, darunter Kraniche, See- und Fischadler, brüten.

RECHTS:

Hallig Hooge – Zehn Halligen gibt es heute noch in der Nordsee. Dreißig sollen es einmal gewesen sein. Aber das Meer nagte an den Landstücken, die oft nur eine Handbreit über dem Meeresspiegel liegen. Die Hallig Hooge ist eine der Schlickbänke, die von der Nordsee angeschwemmt wurden. Auf den neun Warften der Hallig, etwa vier bis fünf Meter hohen Hügeln, wurden zum Schutz vor der Flut die Häuser erbaut. Der Begriff Hallig kommt wahrscheinlich von *hal* und bedeutet Salz. Bis zum 17. Jahrhundert lebte man hier neben der Landwirtschaft auch von der Salzsiederei. Heute bringt der Tourismus das meiste Geld.

VORHERGEHENDE DOPPELSEITE:

Sylt – Sandstrand, Wiesen und im Inselinnern die rötlich blühende Heide. Deutschlands beliebteste Ferieninsel lockt eigentlich mit einfachen Genüssen: mit Spaziergängen, Sonnenbaden und Wanderungen. Das knapp 100 Quadratkilometer große Eiland ist seit den 1950er Jahren Treffpunkt der Reichen und Schönen Deutschlands und derer, die dazugehören wollen. Große Teile der Insel, die durch den Hindenburgdamm mit dem Festland verbunden ist, sind Natur- und Landschaftsschutzgebiet. Durch umfangreiche Küstenschutzmaßnahmen wird versucht, die Kliffküste an der Westseite der Insel zu retten.

OBEN:

Eines der größten Strandbäder an der deutschen Nordseeküste ist St. Peter-Ording. Der Grund ist nicht zu übersehen: Es ist der zwölf Kilometer lange und mehrere hundert Meter breite Sandstrand. Typisch für St. Peter-Ording sind die am Strand stehenden Pfahlbauten, in denen unter anderem Restaurants untergebracht sind. Der Strand ist im Sommer oft Schauplatz waghalsiger Strandseglerrennen. St. Peter-Ording liegt an der Westküste der Halbinsel Eiderstedt, die wie eine Nase aus dem Festland hervorragt, und entstand aus drei Inseln, die einst nur durch wenige Handbreit Land mit dem Festland verbunden waren.

OBEN:

Am Nordrand der Meldorfer Bucht, die zum 1985 gegründeten Nationalpark Schleswig-Hosteinisches Wattenmeer gehört, liegt das Nordsee-Heilbad Büsum, bekannt wegen der dortigen Seehund-Aufzuchtstation und des malerischen Fischereihafens. Hier kann man die bekannten Büsumer Krabben frisch genießen. Wie fast alle Badeorte an der deutschen Nordseeküste besitzt auch Büsum einen wundervollen, breiten Strand. Gegen den ewigen Wind, der hier – mitunter empfindlich kalt – von der Nordsee bläst, mieten sich die Sonnenbadenden große Strandkörbe.

FOLGENDE DOPPELSEITE:

Wo die Elbe endet und die Nordsee beginnt, ist nur schwer zu bestimmen. Die Elbmündung ist ein riesiger Trichter, der sich bis zu 110 Kilometer ins Land erstreckt und an der weitesten Stelle fast 15 Kilometer breit ist. In dieser Trichtermündung finden sich einige Inseln und große Sandbänke, so die Vogelschutzgebiete Pagensand nördlich von Hamburg oder Scharnhörn in der Nordsee. Kennzeichen der Landzunge vor Glückstadt ist der Radarturm an der Südspitze. Etwa zweieinhalb Stunden nach Hochwasser ist die Begrenzung der Sandbank schon trocken, und der Ostwind lässt die Segler nur langsam an ihr vorbei kommen.

EVERGREEN
OOCL
HANJIN

VORHERGEHENDE DOPPELSEITE:

Mit einem Güterumschlag von mehr als 50 Millionen Tonnen im Jahr ist der Hamburger Hafen mit weitem Abstand der größte Seehafen Deutschlands und nach Rotterdam, Marseille und Antwerpen einer der führenden Häfen Europas. Etwa 12 000 Seeschiffe machen jedes Jahr in einem der 70 Hafenbecken fest; die meisten haben Container an Bord, da sie so mit automatischen Kränen ihre Fracht schnell laden und löschen können. Der Hafen ist seit dem 12. Jahrhundert Hamburgs »Tor zur Welt«. Er liegt 104 Kilometer von der Elbmündung in die Nordsee entfernt, unterliegt aber immer noch dem Tidenhub der wechselnden Gezeiten.

RECHTS:

Am Marktplatz in Bremen ragt unübersehbar der im 11. Jahrhundert erbaute Dom St. Petri auf. Er wurde in den folgenden Jahrhunderten mehrfach umgebaut und bietet daher architektonisch ein Stilgemisch von der Hochromanik bis zur Spätgotik. Die Westfassade mit den beiden 98 Meter hohen Türmen sowie der Vierungsturm erhielten ihr heutiges Aussehen bei Restaurierungsarbeiten Ende des 19. Jahrhunderts. Das moderne Gebäude mit dem halbrunden Dach ist das Haus der Bürgerschaft, das seit 1966 Sitz des Parlamentes des Landes Bremen und der Bremer Stadtregierung ist.

VORHERGEHENDE DOPPELSEITE:

Hoch aus den roten Dächern der Altstadt von Stade ragt der barocke Turm der Kirche St. Cosmae auf. Mit ihrem Bau wurde bereits 1137 begonnen, aber erst im Barock erhielt sie ihr heutiges Aussehen. Stade wurde 994 erstmals dokumentarisch erwähnt. Die Stadt am Ufer der Schwinge, die unweit in die Elbe mündet, wurde später Hansestadt und war im Mittelalter neben Hamburg der wichtigste Hafen an der Unterelbe. Ein Grund war sicherlich die gute Befestigung: Die Altstadt Stades ist heute noch vollständig von Wassergräben umgeben.

LINKS:

Umschlossen von der Trave präsentiert sich die Altstadt von Lübeck als nahezu geschlossenes Baudenkmal, aus dem einige Bauten markant herausragen: Zugang in die Innenstadt erlangt man durch das 1478 vollendete Holstentor (vorn), rechts von ihm ragt der kupferbeschlagene Turm der Petrikirche auf. Sie wurde zwischen dem 13. und 16. Jahrhundert erbaut. Auffälliger in der Mitte des Bildes sind die Doppeltürme der gotischen Marienkirche des 13./14. Jahrhunderts, einem stilbildenden Bau der Backsteingotik im Ostseeraum. Der dritte zu erkennende Kirchturm gehört zu St. Jakobi, einer weiteren Backsteinkirche dieser Zeit.

Lübeck erlebte ab 1900 durch den Bau des Elbe-Trave-Kanals einen wirtschaftlichen Aufschwung, der auch mit einem großen Bevölkerungszuwachs einherging. 1911 wurde das 1143 gegründete Lübeck Großstadt, und heute leben etwa 215 000 Menschen hier. Diese Bevölkerungsmengen konnte die beengte, von der Unesco stellenweise als Weltkulturerbe anerkannte Innenstadt Lübecks natürlich nicht fassen. So entstanden zu Beginn des 20. Jahrhunderts außerhalb des Rings, den die Trave um das alte Zentrum legt, neue Wohnviertel, häufig mit mehrgeschossigen Häuserblocks.

GETREIDE AG

VORHERGEHENDE DOPPELSEITE:

Trotz schwerer Zerstörungen im Zweiten Weltkrieg finden sich in der Rostocker Innenstadt noch einige schöne Bürgerhäuser vergangener Jahrhunderte, die von der großen Zeit der bereits um 1200 gegründeten Stadt berichten. Rostock erlebte als Mitglied der Hanse seine Blüte im 14. und 15. Jahrhundert, als auch die Universität, die erste Nordeuropas, gegründet wurde. Überragt wird die Altstadt von der wuchtigen Marienkirche, einem gigantischen Backsteinbau, der ab 1260 erbaut und um 1450 vollendet wurde. Im Hintergrund sind der Stadthafen und der Jachthafen zu erkennen.

RECHTS:

Wie aus einem Märchen wirkt das mit vielen Türmen und Giebeln verzierte Schweriner Schloss, das von 1843 bis 1857 nach Entwürfen des Hofbaumeisters Georg Adolph Demmler für die mecklenburgischen Herzöge auf einer ufernahen Insel im Schweriner See erbaut wurde. Demmler schuf sein Meisterstück – das Schloss ist der schönste Bau in Mecklenburg aus dem 19. Jahrhundert. Als Vorbild diente ihm das französische Schloss Chambord bei Orléans. Heute tagt hier der mecklenburgisch-vorpommerische Landtag. Das Schloss ist nur von einem kleinen Burggarten umgeben, während der eigentliche Schlosspark auf dem Festland liegt.

SEITEN 34–35:

Oderhaff nach dem Fluss Oder, der hier mündet, oder Stettiner Haff nach der polnischen Stadt Stettin (Szczecin) heißt die sich etwa 25 Kilometer in Nord-Süd- und 50 Kilometer in West-Ost-Richtung erstreckende, mit Schilf bewachsene Bucht in der Ostsee, die durch die Inseln Usedom und Wollin vom offenen Meer abgetrennt ist. Die Ostsee bildet vor der ostdeutschen und der polnischen Küste zahlreiche Haffs aus. Diese entstehen durch Sedimente, die schräg an eine Landspitze angeschwemmt werden. So entwickelt sich eine Nehrung, ein schmaler, aus Sand aufgebauter Landstreifen.

SEITEN 36–37:

Usedom – Die nach Rügen zweitgrößte deutsche Ostseeinsel liegt im Mündungsgebiet der Oder. Sie ist dem Festland vorgelagert, stellenweise von ihm nur durch einen schmalen Wasserstreifen getrennt. Die dem Festland zugewandte Binnenküste besitzt tiefe Buchten und schmale Kanäle, dazu mit Wiesen bewachsene Ufer. Usedom ist 445 Quadratkilometer groß und gehört überwiegend zu Mecklenburg-Vorpommern. Nur im Osten liegt ein schmaler Landstreifen um Swinemünde (Swinoujscie) seit 1945 auf polnischem Gebiet. Die gesamte Insel und ein Teil des Festlandes sind heute Naturschutzgebiet.

VORHERGEHENDE DOPPELSEITE:

Wie ein Fluss schlängelt sich die Schlei durch Schleswig-Holstein. Sie ist eine Förde der Ostsee, ein schmaler Meeresarm, der sich 38 Kilometer weit ins Land erstreckt und bei Schleswig endet. Die Schlei ist die längste aller Ostseeförden, sie ist an der schmalsten Stelle etwa 200 Meter breit, erweitert sich aber mitunter zu größeren Seen. Ihre größte Wassertiefe beträgt 14 Meter. Als Wasserstraße spielte sie nur in der Wikingerzeit eine wichtige Rolle, heute dient sie überwiegend als Freizeitgewässer, auf dem Angler ihr Glück suchen und Hobbykapitäne schippern.

RECHTS:

Flaches Wasser, ein paar Segelboote, ein langer Sandstrand, ein wenig Wiese, Wald und eine Hand voll kleiner reetgedeckter Häuser – das ist das Urlaubsparadies am Greifswalder Bodden, einem flachen Randbecken der Ostsee. Das ruhige Wasser begünstigte einst die Seefahrt, und so konnte sich Greifswald im Spätmittelalter als Mitglied der Hanse zu einer wichtigen Handelsstadt entwickeln. Heute locken die langen Sandstrände entlang des Boddens Besucher in die Region. Sie bieten hervorragende Bademöglichkeiten, da sich das flache Wasser im Sommer schnell erwärmt.

RECHTS:

Nordsee – Ein Krabbenkutter im Wattenmeer. Charakteristisch für die Krabbenkutter sind die weit ausladenden Bäume, an denen die Netze hängen. Diese werden dann auf so genannten Rollengeschirren über den Meeresboden geschleppt. Bis zu 90 Prozent der Fangmenge sind Schollen, kleine Seezungen, Stinte, Kabeljau oder auch verschiedene Muschelarten sowie zu kleine Garnelen. An Bord wird der Beifang direkt aussortiert und wandert wieder ins Meer, während die Krabben sofort in Wasser gekocht werden. Am Hafen warten dann schon ungeduldig die Feinschmecker, um die frischen Krabben vom Boot zu kaufen.

FOLGENDE DOPPELSEITE:

Hier stehen sie und warten auf die Auslieferung – die Polos, Golfs, Passats und Boras, die im Volkswagenwerk Wolfsburg vom Band laufen. Volkswagen bietet heute die gesamte Autopalette vom Kleinwagen bis zur Luxuslimousine und produzierte im Jahr 2001 an Standorten auf allen Kontinenten mehr als fünf Millionen Automobile. Dabei erzielte das Werk mit seinen ungefähr 320 000 Beschäftigten weltweit einen Umsatz von über 88 Milliarden Euro und einen Gewinn von knapp 3 Milliarden Euro. In Westeuropa stammt derzeit fast jeder fünfte Wagen vom Volkswagen-Konzern, weltweit halten die Wolfsburger einen Anteil von 12,5 Prozent.

ST11

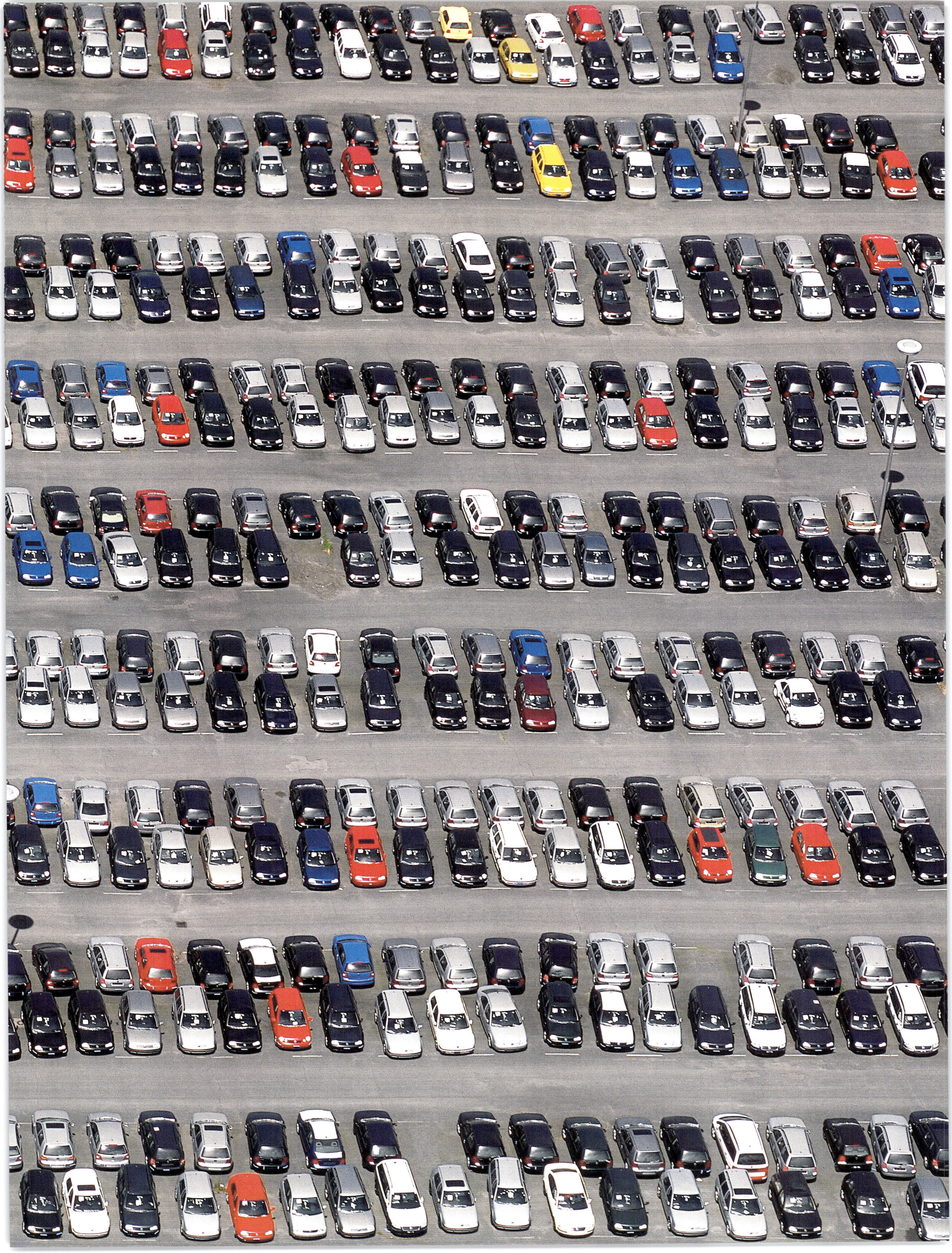

LINKS:

V und W, die beiden in einem Kreis aufeinander gesetzten Buchstaben, zählen zu den bekanntesten Signets der deutschen Wirtschaft – schließlich ist der Volkswagen-Konzern einer der größten Automobilbauer der Erde. Die Stadt Wolfsburg wurde erst 1938 mit der Planung und Errichtung eines Automobilwerks gegründet, in dem das von Ferdinand Porsche konstruierte Fahrzeug, der Vorläufer des späteren Käfers, hergestellt wurde. Während des Zweiten Weltkriegs wurde das Volkswagenwerk auf die Produktion von Rüstungsgütern umgestellt, und ab 1950 rollte mit dem Bau des VW-Käfers wieder die zivile Autoproduktion.

FOLGENDE DOPPELSEITE:

Gleisanlagen im Ruhrgebiet – Der Eisenbahnverkehr spielt in Deutschland immer noch eine wichtige Rolle. Die Deutsche Bahn, die fast als Monopolist die meisten Bahnstrecken befährt, unterhält ein Schienennetz, das knapp einmal um den Globus reichen würde (etwa 36 000 Kilometer) und fährt etwa 4500 Bahnhöfe an. Sie hat allerdings gerade im Güterverkehr in den letzten Jahrzehnten starke Einbußen hinnehmen müssen. Das Schwinden von Bergbau und Stahlindustrie haben die Massengut-Transporte zurückgehen lassen. Positive Zahlen meldet allerdings der Personentransport; vor allem die Hochgeschwindigkeitszüge werden immer beliebter.

VTG
DB
DB Cargo
DB Cargo

LINKS:

Vier Traktoren pflügen gleichzeitig ein großes Feld zwischen Bremervörde und Stade. Die Norddeutsche Tiefebene besitzt das fruchtbarste Ackerland in Deutschland. Der starke Tidenhub von Ebbe und Flut hat das Wattenmeer, die vorgelagerten Nordseeinseln und die tief ins Land reichenden Trichtermündungen der großen Flüsse Elbe, Weser und Ems entstehen lassen. Entlang dieser Flussläufe sind durch Anschwemmen von Sand und Schlick die so genannten Marschen, Flussniederungen, entstanden, deren humushaltige Böden sehr nährstoffreich und fruchtbar sind. Sie werden daher landwirtschaftlich intensiv genutzt.

FOLGENDE DOPPELSEITE:

Ausgedehnte Äcker, Wiesen und Weiden bestimmen das Bild des Münsterlandes. Sie werden oft von stillen Flüssen, Bächen und Kanälen durchzogen. Das Land ist flach. Seine Berge sind kleine Erhebungen, die kaum 200 Meter erreichen – und so fließen die Bäche hier langsam dahin. An vielen Stellen liegt der Grundwasserspiegel so hoch, dass er die Erdoberfläche durchbricht und kleine Tümpel und Teiche bildet. Das Münsterland wird im Süden durch die Lippe, im Westen durch den Rhein, im Norden durch die Niederlande und das Emsland und im Osten durch den Teutoburger Wald begrenzt.

OBEN:

Potsdam, Neues Palais – Im Park von Schloss Sanssouci errichteten die Baumeister Friedrichs des Großen und seiner Nachfahren eine ganze Zahl repräsentativer Bauten. Größtes Bauwerk ist das noch unter Friedrich II. selbst entstandene Neue Palais, das der König vor allem wegen der prachtvollen Innenausstattung mit einem Marmor- und einem Muschelsaal sowie einem Theater als »Fanfaronnade« (Prahlerei) bezeichnete. Es wurde ab 1763 zunächst unter der Leitung Johann Gottfried Bürings und später Carl von Gontards im Spätbarockstil als Gästeschloss und königlicher Sommersitz erbaut.

»Sans Souci« – »Ohne Sorgen« wollte Friedrich II. seinen musikalischen und philosophischen Neigungen nachgehen und ließ sich deshalb, teilweise nach eigenen Entwürfen, von seinem Architekten Georg Wenzeslaus von Knobelsdorff ein prachtvolles Schloss in Potsdam erbauen – das Meisterwerk des so genannten friderizianischen Rokoko. Von Knobelsdorff schuf 1744 bis 1747 auf dem zuvor terrassierten Berg, dem Weinberg, einen lang gestreckten einstöckigen Bau mit einem zentralen überkuppelten Marmorsaal und reichem Figurenschmuck auf den Dachsimsen. Am Fuße des Weinbergs ist die »Große Fontäne« zu erkennen.

RECHTS:

1989, vier Monate vor dem Mauerfall, wurde Berlin zur Welthauptstadt der Technofans. Seitdem treffen sich alljährlich im Juli bis zu einer Million Raver zur Love Parade, zunächst auf dem Berliner Kudamm, seit 1996 am Tiergarten. Ihr Motto: Toleranz, Respekt und Verständigung zwischen den Nationen – doch statt langer Reden bevorzugen sie Musik, Tanz und grelle Kleidung. Mittlerweile starten jeweils zwei Truckzüge mit rund 250 DJs zeitgleich am Ernst-Reuter-Platz und am Brandenburger Tor und ziehen entlang der Straße des 17. Juni bis zur Siegessäule, wo die alljährliche Abschlusskundgebung der Love Parade stattfindet.

FOLGENDE DOPPELSEITE:

Seinen Namen verdankt er einem Garderegiment, den »Gens D'Armes«: der Gendarmenmarkt in Berlin-Mitte. Drei mächtige neobarocke Bauten flankieren Berlins unbestritten schönsten Platz: links der Deutsche Dom, heute Ausstellungshalle, und ihm gegenüber der Französische Dom, der ein Hugenottenmuseum beherbergt. Zwischen den beiden Zwillingsbauten, die sich nur durch ihre unterschiedlichen Turmhelme unterscheiden, befindet sich das ehemalige Schauspielhaus von Karl Friedrich Schinkel, das unter Gustaf Gründgens zu einer der bedeutendsten Bühnen Deutschlands wurde.

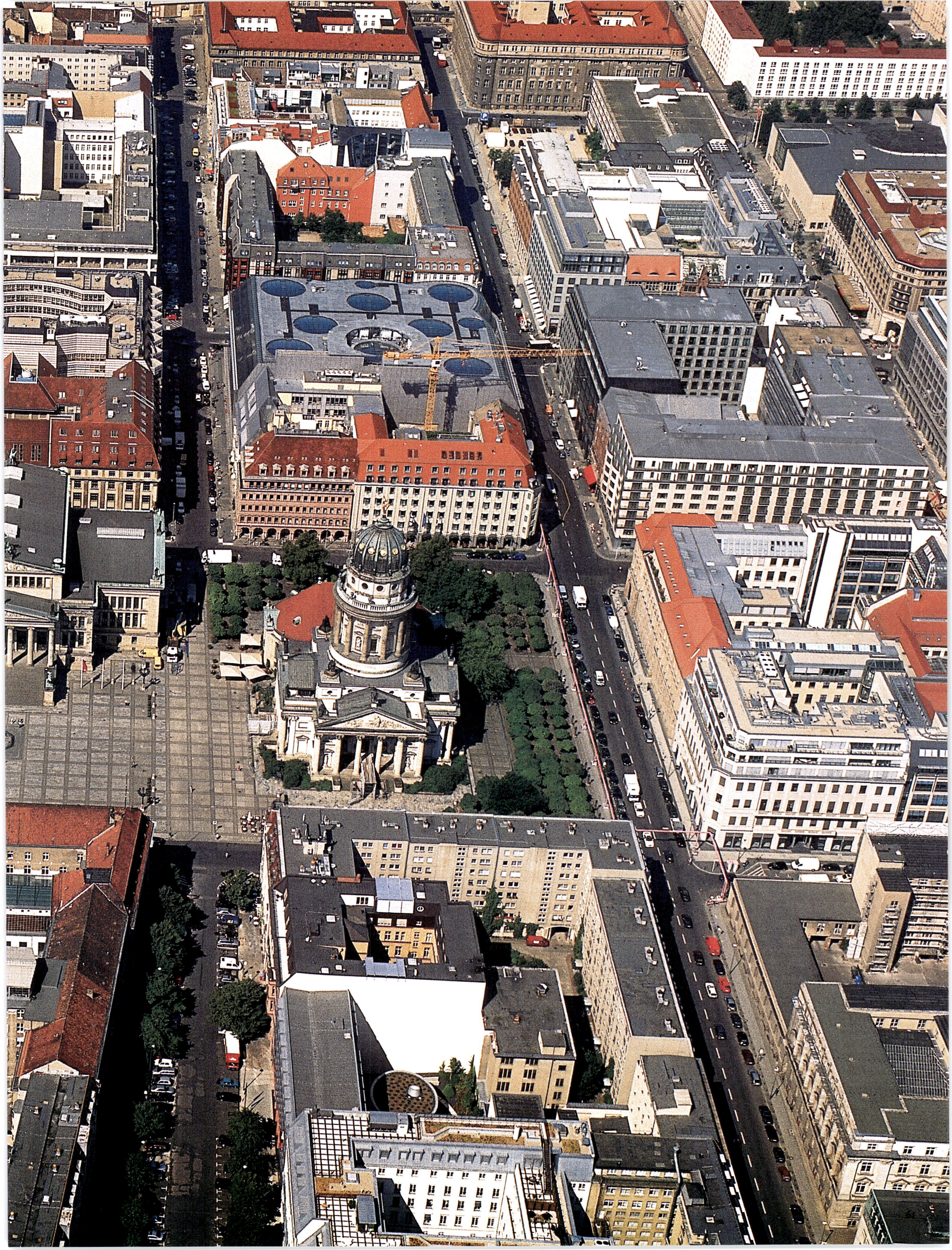

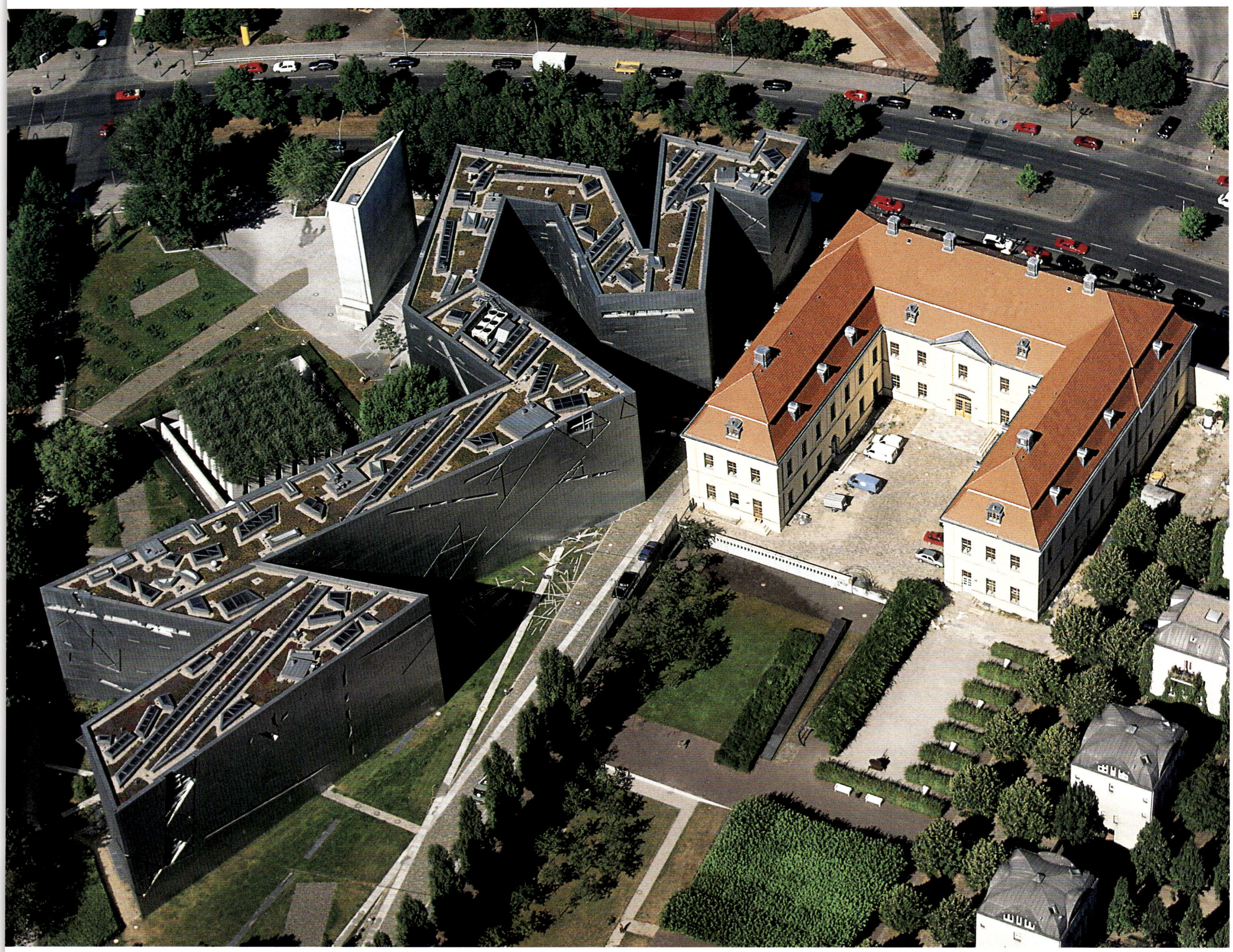

OBEN:

Schon vor seiner Eröffnung galt der Neubau des Jüdischen Museums als eines der aufregendsten Architekturbeispiele des ausgehenden 20. Jahrhunderts. Der Amerikaner Daniel Libeskind schuf ein sprödes, teilweise beklemmendes und dennoch sehr funktionales Bauwerk aus Glas, Stahl und Beton. Sein zickzackförmiger Grundriss soll einen zerborstenen Davidstern symbolisieren, die zahlreichen schrägen Korridore vermitteln ein Gefühl der Verlorenheit. Links neben dem Gebäude befinden sich der Holocaust-Turm und der E.T.A.-Hoffmann-Garten, rechts der alte dreiflügelige Bau, durch den man die Sammlung zur jüdischen Geschichte betritt.

OBEN:

1871, nach der Proklamation des deutschen Kaiserreiches, benötigte Berlin ein repräsentatives Parlamentsgebäude. Paul Wallot schuf den Reichstag: ein Gebäude, das die ganze Pracht der wilhelminischen Epoche ausdrückte. 1894 wurde der Bau vollendet, der nachfolgend eine wechselvolle Geschichte erlebte: 1918 wurde hier die Republik ausgerufen, 1919 trat die Weimarer Verfassung in Kraft. 1933 wurde er in Brand gesteckt, und 1945 wehte die sowjetische Fahne auf seinem Dach. 1995, kurz bevor Sir Norman Foster das Gebäude zum neuen Sitz des Deutschen Bundestages umgestaltete, durfte ihn sogar Verpackungskünstler Christo verhüllen.

LINKS:

Von Laubengängen und Giebelhäusern aus der Renaissancezeit ist der Prinzipalmarkt in Münster umrahmt, der von der Lambertikirche überragt wird. Der spätgotische Bau entstand zwischen 1375 und 1450 unweit des Domes der Stadt. Sein Turm wurde Ende des 19. Jahrhunderts nach dem Vorbild des Freiburger Münsters erbaut, nachdem der alte wegen Baufälligkeit 1887 abgerissen worden war. St. Lambertus wurde mit dem Geld Münsteraner Kaufleute erbaut und war jahrhundertelang das geistliche Zentrum des hiesigen Bürgertums. Hier predigte auch Bischof Graf Clemens von Galen gegen das Euthanasieprogramm des Nazi-Regimes.

FOLGENDE DOPPELSEITE:

Im Nordharz, nahe der malerischen Stadt Blankenburg, erstreckt sich einer der größten Stauseen Deutschlands: Die Rappbodetalsperre ist ein etwa acht Kilometer langer und sich in unzählige Seitenarme verzweigender See, der maximal 109 Millionen Kubikmeter Wasser speichern kann und zur Energie- und Wassergewinnung angelegt wurde. Sein Hauptdamm ist 106 Meter lang und 415 Meter breit und wurde zwischen 1952 und 1959 errichtet. Der Stausee ist heute von einer romantischen Berglandschaft mit dunklen Tannen- und dichten Laubwäldern umgeben.

Wartburg in Eisenach – Sie wurde ab 1067 von Ludwig dem Springer auf dem Wartberg erbaut. Ihre Geschichte ist eng mit der deutschen Geistesgeschichte verknüpft: Hier fand angeblich der Sängerwettstreit zwischen den Minnesängern des Mittelalters, darunter Wolfram von Eschenbach, Heinrich von Ofterdingen und Walther von der Vogelweide, statt, den später Richard Wagner im *Tannhäuser* beschrieb, und hier übersetzte Martin Luther das Neue Testament und leistete so einen wichtigen Beitrag zur Herausbildung der deutschen Schriftsprache. Die Lutherstube befindet sich in dem Fachwerkbau links vom Bergfried.

messehaus markt
KLUWE

SEITEN 70–71:

Gartenhäuschen bei Weimar – Schrebergärten sind eine urdeutsche Erfindung. Der Pädagoge Daniel Gottlieb Moritz Schreber schuf in seiner orthopädischen Heilanstalt in Leipzig erstmals spezielle Kinderspielplätze, die mit Blumenbeeten und Gärten für Erwachsene verbunden waren. Aus diesen entstanden die Schrebergärten, kleine, oft außerhalb von Wohngebieten liegende Gartenparzellen für die Bewohner großer Mietblocks, die zur Selbstversorgung mit Obst, Gemüse oder auch Blumen dienten. Die meisten Schrebergärten besitzen auch ein kleines Gartenhäuschen, dessen maximale Größe von der Gartenordnung der jeweiligen Kolonie vorgeschrieben ist.

VORHERGEHENDE DOPPELSEITE:

Das Alte Rathaus ist der beherrschende Bau am Leipziger Marktplatz. Es wurde 1556 nach Plänen des Leipziger Bürgermeisters H. Lotter im Stil der Renaissance erbaut und besitzt ohne Not eine auffällige Asymmetrie: Links vom Turm mit der auffälligen barocken Haube über dem Eingang finden sich zwei, rechts davon vier Giebel. Leipzig erhielt bereits um 1165 das Stadtrecht, wurde aber schon 1160 als Marktort genannt. Die Stadt war im 16. und 17. Jahrhundert der wichtigste Handelsplatz in Deutschland und ist auch heute noch als Standort internationaler Messen bekannt.

RECHTS:

Kinderfest auf dem Augustusplatz in Leipzig. Verschwindend klein auf der riesigen, etwa 40 000 Quadratmeter großen Fläche des Augustusplatzes wirken die Attraktionen wie die Hüpfburgen oder die Eisenbahn, die hier zur Kinderbelustigung aufgebaut wurden. Der Augustusplatz, der bereits im 19. Jahrhundert angelegt wurde und heute von modernen Bauten umgeben ist, ist einer der Treffpunkte in Leipzigs Innenstadt – schließlich liegen an ihm das Opernhaus und das Neue Gewandhaus. Er wird durch eine Straße halbiert: Auf der Südhälfte, im Bild oben, steht vor dem Neuen Gewandhaus der 1885 errichtete Mendebrunnen.

FOLGENDE DOPPELSEITE:

Hoch über der Elbe thronen die Albrechtsburg und der Dom von Meißen. Aus der Luft ist von der ab 929 erbauten Albrechtsburg nicht viel zu erkennen, zu mächtig ragt rechts neben ihr der frühgotische Dom mit seinen beiden Türmen auf. Zum wehrhaften Gebäudeensemble gehören noch die Domherrenhöfe im Vordergrund, das rechts neben der Kirche liegende Bischofsschloss sowie das Kornhaus der Burg. Meißen wurde bereits im 10. Jahrhundert um die Burg herum gegründet und schon 968 Bischofssitz. Die Stadt ist heute wegen der hier angesiedelten Porzellanmanufaktur weltberühmt.

Europcar

STADTRUNDFAHRT

VORHERGEHENDE DOPPELSEITE:

Ein Musterbeispiel für die Baukunst des höfischen Barock ist die Anlage des Zwingers in Dresden, die unter August dem Starken 1712 bis 1732 von Matthäus Daniel Pöppelmann errichtet wurde. Sie sollte als Teil des geplanten Schlosses die Machtfülle des barocken Kurfürsten verdeutlichen – und das ist dem Baumeister gut gelungen. Die wichtigsten Bauten sind der Wallpavillon im Vordergrund und ihm gegenüber der Glockenspielpavillon sowie das Kronentor (rechts mit dem geschwungenen Turm) und das ihm gegenüberliegende Gebäude, in dem die Gemäldegalerie Alte Meister sowie das Historische Museum untergebracht waren.

LINKS:

Nicht nur die barocke Pracht, geschaffen in der Regierungszeit Augusts des Starken und seines Nachfolgers Friedrich August II., sorgt dafür, dass Dresden allgemein als eine der schönsten deutschen Städte gilt. Es sind auch die später entstandenen bürgerlichen Wohnviertel, die, inzwischen auch gut restauriert, mit wundervollen großen, frei stehenden Stadthäusern zur Schönheit des »Elbflorenz« beitragen. Dresden erscheint in diesen Vierteln als grüne Stadt, denn es gibt dort kaum eine Straße, die nicht von Vorgärten und Baumreihen gesäumt ist.

RECHTS:

Das Elbsandsteingebirge ist eine wildromantische Landschaft mit schroffen und steilen Kletterfelsen, Sandsteintafelbergen mit Kiefern-Heide-Wald und Basaltkuppen mit Laubwald. Im Unterschied zu allen anderen Mittelgebirgen Deutschlands hat es eine eigentümliche Entstehungsgeschichte. Es wurde nicht aufgefaltet, sondern entstand als Erosionsgebirge dadurch, dass die Elbe im Laufe von Jahrtausenden den Sandstein wegschwemmte und sich so ein stellenweise recht enges, von Felsabbrüchen überragtes Tal grub. Die Sächsische Schweiz nahe Dresden ist der touristisch am besten erschlossene Teil des Elbsandsteingebirges.

FOLGENDE DOPPELSEITE:

Machtvoll erhebt sich auf einem 321 Meter hohen Tafelberg in der Sächsischen Schweiz die Festung Königstein. Sie wirkt uneinnehmbar, und sie wurde auch in ihrer fast 900 Jahre alten Geschichte nie erobert. Begründet um 1200 wurde sie ab 1589 bis zum Ende des 19. Jahrhunderts ständig erweitert und umgebaut. Von der mehr als zwei Kilometer langen Brustwehr bietet sich ein fantastischer Ausblick auf das malerische Elbsandsteingebirge. August der Starke ließ Johann Friedrich Böttger 1706/1707 auf Königstein festhalten: Der Alchimist sollte Gold herstellen. Das gelang nicht, Böttger erfand stattdessen das weiße Porzellan.

RECHTS:

Wie zwei Brüder präsentieren sich der Dom St. Peter und das Rathaus von Bautzen. Der größere der beiden, der von 1213 bis 1497 erbaute Dom ist bau- und kulturgeschichtlich eine Besonderheit. Nicht nur der 85 Meter hohe Turm fällt auf, sondern vor allem das merkwürdig geknickte Langhaus. Kulturgeschichtlich ist er einzigartig, weil er seit 1524 sowohl Katholiken als auch Protestanten gemeinsam als Gotteshaus dient. Das Rathaus entstand zwischen 1729 und 1732, allerdings wurden gotische Bauteile seines Vorgängers in den Neubau integriert.

FOLGENDE DOPPELSEITE:

Cottbus – Langsam und mit viel gutem Willen ist zu erkennen, wie sich die Natur verlorenes Gebiet zurückerobert. Sträucher und kleine Bäume überwuchern die Mondlandschaft, die von den großen Braunkohlebaggern zurückgelassen wurde. Doch werden noch einige Jahrzehnte vergehen, ehe die Landschaft sich wieder erholt hat. Manche Tagebauregionen wie Senftenberg, etwa 40 Kilometer südwestlich von Cottbus, sind zu Naherholungsgebieten geworden. Dort beschloss man 1966, die gesamte Region zu renaturalisieren. Heute ist der Senftenberger See mit 11 Kilometern Badestrand eine Freizeitattraktion ersten Ranges.

SEITEN 90–91:

Es sieht aus wie ein Gletscher, der mit seinen Eismassen auch eingeschlossenes Geröll zu Tale drückt, aber in Wirklichkeit zeigt das Foto die Überreste vom Braunkohletagebau in der Niederlausitz, eine zerfurchte, unwirtliche Landschaft. Zwischen Cottbus und Hoyerswerda finden sich die zweitgrößten Braunkohlefelder im Osten Deutschlands, die Grundlage für die Energieversorgung der Industrie im Cottbusser Raum. Die größten Braunkohlelagerstätten gibt es im Städtedreieck um Halle/Saale, Leipzig und Bitterfeld sowie weit im Westen Deutschlands im Gebiet zwischen Köln und Aachen.

OBEN:

Limburg – Hoch über der Lahn thront wie eine Burg Gottes der spätromanische Dom, einer der schönsten spätmittelalterlichen Kirchenbauten in Deutschland. Wahrscheinlich ließ ihn Graf Heinrich von Nassau an Stelle zweier Vorgängerbauten errichten. Der Dom, 1235 als Stiftskirche St. Georg geweiht, wurde 1827 bei der Gründung des Bistums Limburg Bischofskirche. Typisch für die rheinische Romanik sind die Doppeltürme an der Fassade, die umlaufenden Zwerchgalerien sowie die Rautendächer. Der gotische Einfluss zeigt sich vor allem in der symbolischen Siebenzahl der Türme, der Innenarchitektur sowie in den Strebebögen.

RECHTS:

Der Kölner Dom – Das Wahrzeichen Kölns ist das schönste Beispiel hochgotischer Kirchenbaukunst in Deutschland. Es ist ein Werk mehrerer Jahrhunderte: Am 15. August 1248 legte Erzbischof Konrad von Hochstaden den Grundstein, doch erst 1880 war der Dom vollendet. Beherrschend ist seine Westfront mit den beiden 157 Meter hohen Türmen. Der südliche kann bis zum Dachansatz bestiegen werden, am Nordturm zeigt sich, dass die gotische Kirche mit ihrem feinen Figurenschmuck aus Sandstein empfindlich ist: Seitdem der Dom fertig gestellt ist, wird er restauriert. Vom Gerüst aus werden die Heiligenfiguren, Fialen und Kreuzblumen ausgetauscht.

DEVK
SATURN

STIEBEL ELTRON

COMMERZBANK

VORHERGEHENDE DOPPELSEITE:

Frankfurt am Main ist die einzige deutsche Stadt, die eine wirkliche Skyline besitzt. Hier ragen die meisten Hochhäuser Deutschlands in den Himmel. Es sind zumeist repräsentative Bauten von Großbanken – schließlich ist Frankfurt einer der wichtigsten Bankenplätze Europas. So sind auf dem Luftbild unter anderem auch die Türme der Dresdner Bank (166 Meter, Mitte links), die Zwillingstürme der Deutschen Bank (»Soll und Haben«, 155 Meter, Bildmitte), der Bau der Bank für Gemeinwirtschaft (143 Meter, Mitte rechts) sowie der Messeturm mit seiner charakteristischen Pyramidenspitze (256 Meter, hinten links) zu erkennen.

RECHTS:

Ein seltener Anblick im Ruhrgebiet: ein leeres Autobahnkreuz. Deutschland besitzt ein exzellent ausgebautes Straßennetz. Gebührenfreie Autobahnen, auf denen – und das ist einzig in Europa – keine generelle Geschwindigkeitsbegrenzung gilt, verbinden alle größeren Städte, und kaum ein Ort liegt weiter als 25 Kilometer von einer Autobahnauffahrt entfernt. Doch ist Autofahren in Deutschland kein ungetrübtes Vergnügen. Der Motorisierungsgrad ist hoch (über 400 Autos je 1000 Einwohner), und so kommt es vor allem im Berufsverkehr um die Ballungszentren regelmäßig zu langen Verkehrsstaus.

Rheinbrücke in Duisburg – Die 1954 fertig gestellte und 626 Meter lange Friedrich-Ebert-Brücke überspannt bei Stromkilometer 780 den Rhein. Sie führt vom rechtsrheinischen Ruhrort Duisburg zum linksrheinischen Stadtteil Homberg. Die zwei Pylonen der Hängebrücke stehen im Stromlauf in 285 Meter Entfernung voneinander – was gleichzeitig die Durchfahrtbreite für Schiffe ist. Von den Stützpfeilern sind Kabel schräg nach unten gespannt, die sich in der Brückenmitte treffen, und von diesen Kabeln hängen weitere Stahlkabel senkrecht nach unten, die den so genannten Hauptträger, den Brückenkörper, tragen.

Ein Rheinlastschiff, beladen mit Kohle, unter einer Autobahnbrücke: Ein typisches Bild, aufgenommen nur wenige Kilometer entfernt vom Duisburger Hafen, dem wichtigsten Umschlagplatz am Rhein. Der 1320 Kilometer lange Rhein ist ab Rheinfelden an der deutsch-schweizerischen Grenze bis weit in die Niederlande hinein schiffbar. Insgesamt auf über 883 Kilometern, von denen 719 in Deutschland liegen. Der Rhein ist die Hauptachse eines ausgedehnten Wasserstraßennetzes in Westeuropa. Außer mit den ausgebauten Nebenflüssen wie Mosel, Main und Neckar ist er über Kanäle mit anderen Strömen wie der Elbe oder der Donau verbunden.

Sie wirkt kürzer als sie ist: Die 1950 wieder aufgebaute Rheinbrücke Rheinhausen in Duisburg überspannt 255 Meter. Der Brückenbogen wurde bei ihr nur wegen der Fahrrinne unsymmetrisch auf die östliche Rheinseite verlegt. Er überwindet 189 Meter, ist also im Verhältnis zur Gesamtlänge kurz, für einen so genannten Vollwandbogen aber extrem gestreckt. Die Rheinbrücke Rheinhausen ist eine der längsten Brücken dieser Art in Europa. Sie wurde bei Stromkilometer 775 erbaut – am Rhein stehen alle 500 Meter große Tafeln, die anzeigen, wie weit man von der Quelle entfernt ist.

Die Autobahn 40 führt nördlich der Ruhrmündung über den Rhein. Sie verbindet bei Stromkilometer 778 das Industriegebiet an der Ruhr mit dem linken Niederrhein um Moers und Krefeld und führt dann weiter in die südlichen Niederlande. Der Hauptkörper der stählernen Schrägseilbrücke, über den die Fahrbahn läuft, hängt an Seilen, die von den Stützpfeilern aus schräg nach unten gespannt sind. Hier wurden zwei Pylonen, beide auf dem Land stehend, errichtet, von denen je sechs Seile abgespannt sind, und so kann die Brücke 345 Meter Durchfahrtsbreite überwinden.

LINKS:

Ein Verladekran und ein halb volles Lastschiff an einem ruhigen Seitenkai im Duisburger Hafen. Die Ruhrgebietsstadt besitzt im Stadtteil Ruhrort mit einem Güterumschlag von mehr als 36 Millionen Tonnen im Jahr den größten Binnenhafen der Welt. Was im Jahre 1716 mit dem Ausbau einer verlandeten Ruhrschlenke bescheiden begann, ist heute ein Hafen mit 28 Hafenbecken und insgesamt 40 Kilometern Uferlänge, von denen 17 Kilometer Gleisanschluss besitzen. Vom Duisburger Hafen sind 300 deutsche Binnenhäfen und zahlreiche weitere Häfen in ganz Europa sowie 70 große Güterbahnhöfe direkt erreichbar.

FOLGENDE DOPPELSEITE:

Kirmes in Duisburg – Wo viele Menschen zusammenleben, da wird auch gefeiert. Im Ruhrgebiet herrscht an Volksfesten aller Art kein Mangel. Seien es Schützenfeste oder Veranstaltungen wie die Cranger Kirmes in Wanne-Eickel, die einst als lokales Vergnügen im Anschluss an das Einfangen der Wildpferde im Emscherbruch startete und heute eines der größten Volksfeste Deutschlands ist, seien es Theatertage in Mülheim, die Kurzfilmtage in Oberhausen, die Ruhrfestspiele in Recklinghausen oder die großen Sportereignisse in Dortmund und auf Schalke – für jeden Geschmack hat die Kulturlandschaft Ruhrgebiet etwas zu bieten.

Schunkler
Musik-Express

Am Ufer des Laacher Sees, des größten Vulkansees der Eifel, liegt die Benediktinerabtei Maria Laach. Sie wurde 1093 gegründet, und ihre Klosterkirche, die 1156 geweiht wurde, gilt als eines der schönsten Beispiele der rheinischen romanischen Architektur. Je ein Vierungsturm und zwei Seitentürme überragen die Querschiffe der Basilika. Maria Laach wird nicht nur von Architekturbegeisterten, sondern auch von Gartenfreunden besucht. Es locken der Klostergarten sowie die Gewächshäuser (im Bild rechts), außerdem werden Kräuter und Zierpflanzen verkauft, dazu ein Kräuterschnaps aus eigener Herstellung.

VORHERGEHENDE DOPPELSEITE:

Burg Rheinfels – Hoch über St. Goar, unweit der Loreley, ließ Dietrich V. von Katzenelnbogen ab 1245 zum Schutz des Ortes und eines Rheinzolles, der ihm von Kaiser Friedrich II. verliehen war, eine Burg errichten. Burg Rheinfels gehört heute zu den schönsten Befestigungsanlagen am Mittelrhein. Sie wurde in den folgenden Jahrhunderten immer weiter ausgebaut, oft auch von feindlichen Truppen belagert, konnte aber bis 1794 auch von größeren Armeen nie eingenommen werden. Erst damals eroberten französische Revolutionstruppen die wehrhafte Burg und sprengten 1797 die äußeren Befestigungen und den Bergfried.

RECHTS:

Drohend wirft die Burg Thurandt ihre Schatten auf die Höhenzüge an der Südseite der Mosel. Sie wurde um 1200 von Pfalzgraf Heinrich, einem Sohn Heinrichs des Löwen, erbaut und erhielt ihren Namen nach der Burg Turon (im heutigen Libanon), die Heinrich beim Kreuzzug mit Friedrich Barbarossa vergeblich zu erobern versucht hatte. 1248 wechselte die Burg ihre Besitzer und damit ihr Aussehen: Sie gehörte fortan zu gleichen Teilen Kurtrier und Kurköln. Die neuen Herren ließen sich je einen Bergfried erbauen. Gut zu erkennen ist auch die große Quermauer, die den Kölner Teil (links) vom Trierer Teil der Burg trennte.

VORHERGEHENDE DOPPELSEITE:

Unterhalb der Ruine des Heidelberger Schlosses, das, majestätisch über dem Neckar thronend, im 12. Jahrhundert für die Kurfürsten von der Pfalz (Wittelsbacher) errichtet und 1689 und 1693 durch Franzosen zerstört wurde, breitet sich das Häuser- und Gassengewirr der Heidelberger Altstadt aus. Markanter Punkt ist hier der Turm der am Marktplatz gelegenen Heiliggeistkirche, die einst Begräbnisstätte der Kurfürsten war. Links der Kirche führt seit 1788 die Karl-Theodor-Brücke über den Neckar; der Zugang zur Altstadt konnte an der Brücke durch ein zweitürmiges Brückentor verschlossen werden.

RECHTS:

Karlsruhe wurde 1715 als Regierungssitz der badischen Großherzöge gegründet. Innerhalb seines bevorzugten Jagdreviers ließ Markgraf Karl Wilhelm von Baden-Durlach seine neue Residenz erbauen – ein prächtiges barockes Schloss. Vom Ursprungsbau blieb allerdings nur noch der hohe Mittelturm erhalten, die heutigen Seitenflügel wurden unter Markgraf Karl-Friedrich, dem Enkel des Schlossgründers, 1752–1775 errichtet. In Karlsruhe laufen alle Innenstadtstraßen fächerförmig auf das Schloss zu. Hinter dem Schloss erstreckt sich ein weiter englischer Landschaftspark.

Postbank

VORHERGEHENDE DOPPELSEITE:

Das Zentrum Stuttgarts bildet der weitläufige Schlossplatz, der von Bauten aus der Residenzzeit der Stadt, die ab dem 14. Jahrhundert Sitz der Grafen von Württemberg und später der württembergischen Könige war, umgeben ist. Dazu gehören das von 1746 bis 1804 erbaute dreiflügelige Neue Schloss, in einem Stilgemisch aus Barock und Klassizismus, der gegenüberliegende Königsbau von 1860 – heute Sitz der Börse – sowie das von 1553 bis 1578 erbaute Alte Schloss (rechts am Platz), das heute als Museum dient. Der schwarze Flachbau hinter dem Neuen Schloss ist der Sitz des baden-württembergischen Landtages.

RECHTS:

Südlich der Kleinstadt Hechingen, die im Hintergrund zu erkennen ist, thront weithin sichtbar die Burg Hohenzollern auf dem gleichnamigen, markanten, 855 Meter hohen Bergkegel. Die Burg ist Stammsitz des wohl berühmtesten deutschen Herrschergeschlechts. Die Hohenzollern wurden 1061 erstmals urkundlich erwähnt und errichteten 1267 ihre Stammburg auf dem Bergkegel, die allerdings mehrfach zerstört und wieder neu erbaut wurde. Die heutige viertürmige Burg wurde von 1850 bis 1867 im neugotischen Stil errichtet. Älter ist lediglich die in den Bau integrierte St. Michaelskapelle aus dem 15. Jahrhundert.

Egal ob im Sommer oder im Winter, der Schwarzwald ist das ganze Jahr über ein beliebtes Touristenziel. Kuckucksuhren, Kirschwasser und Kirschtorte, dazu tiefe, dunkle Tannenwälder gelten weltweit als ein Stück heiles Deutschland trotz saurem Regen, Waldsterben sowie Bodenerosion durch den Bau von Skipisten. Das Mittelgebirge im Südwesten Deutschlands, das sich in Nord-Süd-Richtung etwa 160, in West-Ost-Richtung etwa 30 bis 50 Kilometer erstreckt, hat seine höchste Erhebung am 1493 Meter hohen Feldberg. Er erhebt sich im Westen steil aus dem Oberrheingraben, im Osten hingegen sanft aus dem oberen Neckar- und Donautal.

VORHERGEHENDE DOPPELSEITE:

Weinbau bei Kitzingen – Das Maintal in Franken ist eines der besten Weinbaugebiete Deutschlands. Hier werden auf unterschiedlichen Böden – Muschelkalk bei Würzburg, Buntsandstein weiter westlich, Glimmerschiefer um Aschaffenburg sowie Gipskeuper in der Steigerwaldregion – überwiegend Reben der Sorten Müller-Thurgau und Silvaner angebaut. Der Wein wird dann in die traditionellen bauchig-runden, abgeplatteten Bocksbeutelflaschen abgefüllt. Kitzingen selbst ist eine der ältesten Weinhandelsstädte Frankens. Angeblich besitzt das Kloster der Benediktinerinnen den ältesten Weinkeller der Region. Er wurde bereits 745 eingerichtet.

RECHTS:

Die Festung Marienburg ist nicht nur ein Wahrzeichen Würzburgs, sie war auch die Keimzelle der Stadt. 701 entstand eine erste Marienkirche. Ab 1201 wurde dann die Festung, die bis 1719 Sitz der Fürstbischöfe von Würzburg blieb, gebaut. Von ihr aus schweift der Blick über die Innenstadt auf der anderen Mainseite: Die alte Mainbrücke führt direkt auf die Doppeltürme des Doms St. Kilian zu, der von 1045 bis 1188 erbaut wurde. Dahinter ist die Residenz zu erkennen. Balthasar Neumann schuf 1720 bis 1744 sein barockes Meisterwerk, das die Festung Marienburg als Sitz der Bischöfe ersetzte.

VORHERGEHENDE DOPPELSEITE:

Bamberg, unter Heinrich II. im 11. Jahrhundert Sitz des deutschen Kaisers, besitzt Baudenkmäler von der Gotik bis hin zur Barockzeit. Vom Kloster St. Michael – die doppeltürmige Klosterkirche stammt aus dem 12. bis 15. Jahrhundert –, in dessen vorderen Bauten ein Brauereimuseum untergebracht ist, schweift der Blick über die Innenstadt. Der Dom ist dank seiner charakteristischen vier Türme gut zu erkennen, davor liegen die Bauten der Neuen Residenz. Bamberg wird durch den linken Arm der Regnitz (am linken Bildrand) zweigeteilt: In die Bischofsstadt und die Bürgerstadt jenseits des Flusses.

RECHTS:

Vierzehnheiligen – Nördlich von Bamberg erschienen im Jahr 1445 einem Schäfer die Vierzehn Nothelfer, jene Heiligen, die seit dem Mittelalter in Notsituationen angerufen werden. 1448 entstand eine erste Kapelle, und 1743 beauftragte der Fürstbischof Friedrich Karl von Schönborn den Baumeister Balthasar Neumann mit dem Bau einer neuen Kirche. Neumann schuf auf einem Hügel, der über dem linken Mainufer aufragt, ein Meisterstück des Barock, einen eindrucksvollen harmonischen Bau mit zwei mehrfach gestuften Türmen. Auch im Innern ist die Kirche dank der Stuckarbeiten und des Gnadenaltars ein Beispiel barocker Kirchenbaukunst.

VORHERGEHENDE DOPPELSEITE:

Hoch über Nürnberg erhebt sich die Burg – eine riesige Anlage, die ab etwa 1050 bis weit ins 16. Jahrhundert ausgebaut wurde und auf der in dieser Zeit alle deutschen Könige und Kaiser ihre Reichs-, Hof- und Gerichtstage abhielten. Ein mächtiger Verteidigungsring schützte sie vor Angreifern, die vier Verteidigungstore – im Vordergrund das Tiergärtnertor – haben eine sechs Meter dicke kugelsichere Ummantelung. Das Gebäude mit dem vorragenden Dach unterhalb des Tiergärtnertores ist das Albrecht-Dürer-Haus, ein Patrizierhaus, das der Künstler 1509 kaufte und in dem er bis zu seinem Tode 1528 lebte.

RECHTS:

Langsam zieht vom Bodensee Nebel auf, und in wenigen Augenblicken wird er das Friedrichshafener Schloss verdecken – das um 1180 gegründete Nonnenkloster, das ab 1419 zur Abtei Weingarten gehörte, 1806 säkularisiert und später zum Schloss umgebaut wurde. Es bildet die Keimzelle von Friedrichshafen. Die zweitgrößte deutsche Stadt am Bodensee, die durch Ferdinand Graf von Zeppelin, der hier seine Luftschiffe baute, bekannt wurde, entstand 1811 durch die Vereinigung der Freien Reichsstadt Buchhorn und der Klostersiedlung Hofen. Zu Ehren des ersten Königs von Württemberg wurde sie Friedrichshafen genannt.

Auf einer Insel, die mit dem Festland durch eine Brücke und einen Eisenbahndamm verbunden ist, liegt die Altstadt von Lindau, der größten Stadt am bayerischen Ufer des Bodensees. Lindau wurde als Fischereisiedlung gegründet und war seit 1220 Freie Reichsstadt. Handel und Schifffahrt machten die Gemeinde wohlhabend, und heute noch künden zahlreiche Bürgerhäuser in der Inselstadt aus der Zeit der Renaissance und des Barock vom einstigen Reichtum. Gegenwärtig lebt man vom Bodensee-Tourismus – Lindau ist ein beliebter Jachthafen – dazu vom Obstanbau in der Umgebung der Festlandstadt.

OBEN:

Die Insel Mainau, wenige Kilometer von Konstanz entfernt und nur 45 Hektar groß, ist das beliebteste Ausflugsziel am Bodensee. Sie ist als »Blumeninsel« berühmt, denn hier gedeihen in prachtvollen Park- und Gartenanlagen dank eines besonders milden Klimas auch tropische und subtropische Pflanzen. Nur wenige Bauten schmücken die Insel: Es sind das ehemalige Schloss der badischen Großherzöge – das von 1739 bis 1746 von Giovanni Gaspare Bagnato erbaut wurde und das ein Deutschordenswappen am Giebel ziert –, die neben dem Schloss stehende Kirche von 1739 sowie eine alter Wachtturm – der letzte von ehemals 16.

RECHTS:

Schloss Montfort am Bodensee – Italienische Anmutung am »Schwäbischen Meer«: 1864 wurde das Schloss unter Wilhelm I. von Württemberg im Stil eines norditalienischen Palastes auf einer weit in den See vorragenden Landzunge bei Langenargen erbaut. Langenargen liegt am Nordufer des Sees zwischen den bekannteren Bodenseeorten Friedrichshafen und Lindau und ist mit beiden durch Fährschiffe verbunden. Der 538 Quadratkilometer große Voralpensee, an dem neben Deutschland auch Österreich und die Schweiz Anteile haben, dient heute weniger als in früheren Zeiten dem Güterverkehr: Er wird mehr und mehr als Freizeitgewässer genutzt.

VORHERGEHENDE DOPPELSEITE:

Nahe der ehemals Freien Reichsstadt Überlingen steht inmitten von Weinbergen und hoch über dem Bodensee in Birnau die barocke Wallfahrtskirche St. Maria. Sie ist die schönste Barockkirche am Bodensee und das Hauptwerk des Baumeisters Peter Thumb, der sie von 1746 bis 1757 für Zisterzienser aus Salem errichtete. Die Anlage ist originell: Thumb baute links und rechts an den Turm die Wohnflügel für die Bauherren an, so dass die Fassade, abgesehen vom hoch aufragenden Turm, eher wie die eines Palastes als die einer Kirche wirkt. Ihr Inneres ist verschwenderisch im Stil des Rokoko ausgestattet.

RECHTS:

Eine der beliebtesten Ferienregionen Deutschlands ist das Allgäu, jenes Gebiet, das sich vom Bodensee nach Osten bis etwa zum Lech erstreckt. Die Region lebt außer von der Land- und Forstwirtschaft vor allem vom Fremdenverkehr – kein Wunder, bei den Bilderbuchlandschaften, die sich hier dem Besucher bieten: Im südlichen Allgäu bekrönen kleine Kirchlein Moränenhügel, schöne Gasthöfe bieten eine bodenständige und doch gute Küche, das satte Grün der Viehweiden kontrastiert mit dem dunkleren der Nadelwälder auf den Höhenzügen, und in der Ferne blinkt immer wieder ein idyllischer Weiher oder ein kleiner See.

RECHTS:

Kloster Weltenburg – Dort, wo die Donau sich in Jahrtausenden von Jahren ihren Weg durch den Kalkstein des Fränkischen Jura gegraben hat und so über eine Länge von etwa 5 Kilometern eine der schönsten und spektakulärsten Flusslandschaften Deutschlands mit fast 100 Meter senkrecht abfallenden Felsen geschaffen hat, ließen sich schon im 7. Jahrhundert Mönche nieder. Etwa 1100 Jahre später entstanden die heutigen Klosterbauten, mit der wundervollen, von außen etwas unscheinbaren Klosterkirche, ein barockes Meisterwerk der Brüder Egid Quirin, Franz und Cosmas Damian Asam. Im Klosterhof ist übrigens ein Biergarten untergebracht.

FOLGENDE DOPPELSEITE:

Ein Stadtbild wie im 14. Jahrhundert – die Innenstadt von Regensburg ist eine Ansammlung von gotischen Häusern und Kirchen. Hoch ragt aus den Türmen der einst wichtigen Familien – den so genannten Geschlechtertürmen – der Dom St. Peter empor. Die Kirche mit den beiden 105 Meter hohen Türmen, die erst Ende des 19. Jahrhunderts angefügt wurden, ist der schönste gotische Bau in Bayern. Nördlich von ihr führt die Steinerne Brücke aus dem 12. Jahrhundert über die Donau, die sich in Regensburg in mehrere Arme verzweigt, Flussinseln bildet und in die hier auch der Fluss Regen mündet.

RECHTS:

Die Passauer Altstadt liegt wundervoll am Zusammenfluss dreier Flüsse: Inn (rechts) und Ilz – sie mündet hinter der Trutzburg Veste Niederhaus (oben) – fließen hier in die Donau. Im Zentrum der Altstadt steht der Dom St. Stephan mit seiner barocken Fassade, die von zwei mächtigen Türmen flankiert wird, und dem gotischen, mit einer Kuppel gekrönten Langhaus. Vor ihm erstreckt sich der weitläufige Domplatz, der rechts von der Alten Residenz der Fürstbischöfe gesäumt wird. Passau erhielt sein recht einheitliches barockes Äußeres beim Wiederaufbau der Stadt nach zwei verheerenden Bränden 1662 und 1680.

FOLGENDE DOPPELSEITE:

Das Wahrzeichen Münchens ist die Dom- und Pfarrkirche zu Unserer Lieben Frau, kurz Frauenkirche genannt. Der Bau ist unverwechselbar, dank seiner beiden 99 Meter hohen, charakteristischen Türme, die von so genannten welschen Hauben bekrönt werden. Jörg Ganghofer war 1468 bis 1488 der Architekt des mächtigen spätgotischen Ziegelbaus, der von außen nur wenig verziert ist. Der südliche (rechte) Turm der Kirche kann bestiegen werden, und von seiner Aussichtsplattform genießt man den Blick über die Stadt unter anderem auf das neugotische Rathaus (1867–1908) am Marienplatz.

KAUFHOF

München war 1972 Austragungsort der Olympischen Sommerspiele, und für dieses Ereignis wurde dort eine der schönsten Sportstätten Deutschlands erbaut: Das Olympiastadion mit seiner wundervollen Zeltdachkonstruktion. Der kühne Entwurf des Architekturbüros Prof. Behnisch und Partner war zunächst heftig umstritten, wurde aber nach seiner Vollendung allgemein gelobt: An riesigen Stahlmasten hängt wie ein Zirkuszelt eine filigran wirkende Konstruktion aus einem Stahlnetz, das mit lichtdurchlässigen Acrylplatten belegt ist. Insgesamt überspannt das Zeltdach eine Fläche von fast 75 000 Quadratmetern.

RECHTS:

Wasserburg am Bodensee – Seit 1740 ist Wasserburg keine Insel mehr. Damals wurde der schmale Kanal zugeschüttet, und seither liegt das Örtchen, das aus wenig mehr als einer Kirche und einem Schloss mit Nebengebäuden besteht, auf einer Halbinsel. Hier lugt zwischen Baumgipfeln der Zwiebelturm der Kirche hervor, die erstmals 748 urkundlich erwähnt und dann im 17. Jahrhundert vergrößert und barock verändert wurde. Das Schloss von 1380 wurde im 16. und im 18. Jahrhundert umgebaut. Gut zu erkennen ist auch noch die einstige Befestigungsmauer der Insel. Das heutige Wasserburg auf dem Festland lebt vom Obstanbau und Tourismus.

FOLGENDE DOPPELSEITE:

Viele Bäume, rund 50 Häuser, einige Stege, ein Fähranleger für Ausflugsboote und ein Kloster auf 10,5 Hektar Land – das ist die Fraueninsel, eine von drei Inseln im Chiemsee. Das Benediktinerinnenkloster Frauenwörth wurde bereits im 8. Jahrhundert gegründet. Der auffällige achteckige Turm wurde im 11. Jahrhundert begonnen, mehrfach umgebaut und dann 1572 mit seiner markanten Zwiebelhaube bekrönt. Auf der Fraueninsel bildete sich im 19. Jahrhundert eine Künstlerkolonie, der unter anderem Wilhelm von Kaulbach, Wilhelm Leibl, Christian Morgenstern, Ludwig Ganghofer und Ludwig Thoma angehörten.

Hohenschwangau – Kronprinz Maximilian von Bayern, der spätere König Maximilian II., war romantischer Schwärmerei nicht abgeneigt. Er kaufte 1832 den verfallenen Bau der Burg Schwangau aus dem 12. Jahrhundert und ließ auf den Grundmauern der Stauferburg nach Entwürfen seines Zeichenlehrers, des Theatermalers Domenico Quaglio, von 1833 bis 1837 sein Schloss Hohenschwangau erbauen. Stilistisch lässt sich der würfelförmige Bau mit den vier Ecktürmen und weiteren Türmchen am besten als neugotischer Tudorstil bezeichnen. Im Innern wurde der Bau mit Fresken geschmückt, die Episoden aus der germanischen Sagenwelt zum Thema haben.

RECHTS:

Bei Füssen thront auf einem Bergrücken vor einer steil aufragenden Felswand, mitten im Wald und hoch über dem Alpsee das Vorbild aller Märchenschlösser – das Schloss Neuschwanstein, das sich König Ludwig II. von Bayern ab 1869 nach Entwürfen des Theatermalers Christian Jank erbauen ließ. Neuschwanstein ist eher Kulisse als eine wirkliche Burg. Die wehrhaft erscheinenden Türme und Zinnen hatten nie eine Verteidigungsfunktion, sondern waren von vornherein auf eine theatralische, imposante Wirkung hin konzipiert – sie sind romanischer und romantischer als alle Burgen, die zum Vorbild dienten.

FOLGENDE DOPPELSEITE:

»Als ich auf dem sonnenüberfluteten Gipfel stand, unter mir die vorüberziehenden Dunstschwaden, bemächtigte sich grenzenlose Freude meiner Seele und meines Körpers«, schrieb der italienische Bergsteiger Giusto Gervasutti in den 1940er Jahren. Deutschlands höchste Gipfel liegen in den Bayerischen Alpen. Es sind schroffe Gipfel und Grate mit teilweise steil abfallenden Felswänden und mächtigen Schuttkegeln, deren Höhe weit über 2000 Meter liegt: Berge wie die Zugspitze (2963 m), die Wetterspitze (2748 m) oder der Watzmann (2713 m). Das Luftbild entstand hoch über dem Königssee südlich von Berchtesgaden.

Bibliografische Information Der Deutschen Bibliothek
Die Deutsche Bibliothek verzeichnet diese Publikation in der Deutschen Nationalbibliografie; detaillierte bibliografische Daten sind im Internet über http:\\dnb.ddb.de abrufbar.

Gestaltung: Benoît Nacci, Éditions de La Martinière
Satz: satz & repro Grieb, München
Printed in France

ISBN 3-89660-155-5

www.knesebeck-verlag.de